My Psalms Sòm Mwen

MACKENZY SAMEDI

ISBN 978-1-68197-047-9 (pbk)
ISBN 978-1-68197-048-6 (digital)

Christian Faith Publishing, Inc.
296 Chestnut Street
Meadville, PA 16335
www.christianfaithpublishing.com

Printed in the United States of America

Dedication

To all of those on the journey called life, searching for answers. If one keeps beating oneself up for not getting answers quickly, then one may just miss the moment. Sometimes the answers are right in front of you, and we may not know it because it was too easy to find them. Some may learn the easy way and some may learn the hard way. Either way, do not forget to enjoy the journey!

Contents

1

Why Am I Angry at the Lord?
Poukisa Mwen Fache Kont Senyè A?

Why Am I Angry at the Lord?
Poukisa Mwen Fache Kont Senyè A?

When He Has Given Me a Roof over My Head
Le Li Ban Mwen Kote Pou Mwen Rete

Why Am I Angry at the Lord?
Poukisa Mwen Fache Kont Senyè A?

When He Has Given Me a Mother and Father That Loves Me
Lè Li Ban Mwen Yon Manman Ak Papa Ki Renmen Mwen

Why Am I Still Angry at the Lord?
Poukisa Mwen Toujou Fache Kont Senyè A?

When He Has Given Me Opportunity to Go to School
Lè Li Ban Mwen Opòtinite Pou Mwen Ale Lekòl

Why Am I Still Angry at the Lord Despite All He Has Done for Me?
Poukisa Mwen Toujou Fache Kont Senyè A Malgre Tout Sa Li Fè Pou Mwen?

I Am Feeling Very Impatient Very Impatient with His Timing!
Mwen Santi Ke Mwen Trè Enpasyan Avèk Tan Li!

I Am Still Wondering If He Is Still Coming
Mwen Toujou Ap Mande Si Li Toujou Ap Vini

For His Chosen People from Every Nation
Pou Moun Ke Li Te Chwazi Ki Soti Nan Chak Nasyon

I Want Jesus Christ to Return Right Now
Mwen Vle Jezi Kris Pou Retounen Kounye A

What about the Others That Don't Have a Chance to Be Saved!
E Lòt Moun Ki Pa Gen Chans Pou Sove!

What If He Had Come Before
E Si Li Te Gen Tan Vini Avan

I Had the Chance to Accept Him as My Personal Savior
Mwen Te Gen Yon Chans Aksepte Li Kòm Sovè Pèsonèl Mwen

I Don't Have to Be Angry at God
Mwen Pa Bezwen Fache Kont Bondye

Because He Is Never Too Early or Too Late!
Paske Li Pa Janm Twò Bonè Ni Twò Ta!

2

Life of a Christian
Lavi Yon Kretyen

Life of a Christian
Lavi Yon Kretyen

Life of a Christian Is Not an Easy Life
Lavi Yon Kretyen Se Pa Yon Lavi Ki Fasil

Life of a Christian
Lavi Yon Kretyen

Is a Very Difficult Life
Se Yon Lavi Vi Ki Trè Difisil Anpil

Life of a Christian
Lavi Yon Kretyen

Life of a Christian Will Make You Go through Road of Thorns
Lavi Yon Kretyen Ap Fè Ou Pase Nan Wout Pikan

If You Don't Have the Heart
Si Ou Pa Gen Kè

You Will Not Be Able to Go through a Life of a Christian
Ou Pap Ka Fè Lavi Yon Kretyen

If You Don't Have the Heart to Stay when the Wind Blows
Si Ou Pa Gen Kè Pou Rete Lè Van Ap Soufle

Life of a Christian
Lavi Yon Kretyen

Then, You Will Not Be Able to Do a Life of a Christian
Ebyen, Ou Pap Kapab Fè Lavi Yon Kretyen

Life of a Christian
Lavi Yon Kretyen

Life of a Christian Ask for Many Sacrifices
Lavi Yon Kretyen Mande Anpil Sakrifis

If You Do Not Have the Heart
Si Ou Pa Gen Kè

To Stand with Faith
Pou Kanpe Avèk Lafwa

After You Have Lost Your Job
Apre Ou Fini Pèdi Travay Ou

Then, You Will Not Be Able to Live a Christian Life
Ebyen, Ou Pap Kapab Viv Lavi Yon Kretyen

Are You Going to Have the Heart to Stay
Eske Ou Ap Gen Ke Rete

When Your Child Goes to Prison
Le Pitit Ou Ale Nan Prizon

Are You Going to Have the Heart to Stay
Èske Ou Ap Gen Kè Rete

When You Are Close to Lose Your House
Le Ou Prèske Pèdi Kay Ou

Life of a Christian Ask for a Lot of Endurance
Lavi Yon Kretyen Mande Anpil Andirans

You Have to Stand Up when You Fall
Se Pou Ou Leve Kanpe Le Ou Tonbe

3

It Is Prayer Which Gives Peace
Se Lapriyè Ki Bay Lapè

It Is Prayer Which Gives Peace
Se Lapriyè Ki Bay Lapè

I Say It Is Prayer Which Gives Peace
Mwen Di Se Lapriyè Ki Bay Lapè

Prayer Is More Tasty Than
Lapriyè Pi Gou Pase

The Juice Called Kool-Aid
Ji Ki Rele Koul-Èd

Prayer Gives Strength
Lapriye Bay Fòs

Prayer Gives You Spiritual Muscles
Lapriyè Ba Ou Bibit Espirityèl

Prayer Is Strength
Lapriye Se Fòs

So You Can Grow Spiritually
Pou Ou Ka Grandi Espirityèlman

You Don't Have to Go Lift Weights
Ou Pa Bezwen Ale Bat Fè

Because with Prayer, You Are Lifting Weights
Paske Avèk Lapriyè, Se Leve Ou Ap Leve Fè

You Will See Will See Your Muscles
Ou Ap Wè Bibit Ou

Becomes Bigger Than a Sack of Cement
Vini Pi Gwo Pase Yon Sak Siman

When That Happens,
Lè Sa Rive,

That Is when You Will Be
Se Lè Sa Ou Va

Ready to Fight the Devil
Pare Pou Ou Batay Avèk Dyab La

Yes, It Is Prayer Which Gives Peace
Wi, Se Lapriyè Ki Bay Lapè

Prayer Is More Tasty Than Madame Gougousse Rice and Fried Chicken
Lapriyè Pi Gou Pase Diri Madan Gougous E Poul Fri

Problems
Pwoblèm

Problems, Problems, Problems
Pwoblèm, Pwoblèm, Pwoblèm

Everybody's Got Them
Tout Moun Gen Yo

How Do You Deal with Problems?
Kouman Ou Fè Fas Avèk Pwoblèm?

Aren't Problems Truly Annoying?
Èske Pwoblèm Yo Pa Vrèman Anmèdan?

Every Day, Every Night, Mister Problem Is There
Tout Lajounen, Tout Lanwit, Se Mesye Pwoblèm

Would It Be Great If We Could Live
Èske Li Pa Ta Bon Si Nou Ta Ka Viv

In a World without Problems
Nan Yon Mond San Pwoblèm

You Don't Have to Be Scared of Mister Problems!
Ou Pa Bezwen Pè Mesye Pwoblèm!

As Long as You Start Praising God
Depi Ou Kòmanse Louwe Bondye

You Will Forget All about Your Problems
Ou Ap Bliye Tout Pwoblèm Ou Yo

Say It with Me: "All Is Well with Jesus Christ."
Di Sa Avèk Mwen: "Tout Bagay Byen Avèk Jezi Kris."

5

Prosperity in God
Pwosperite Nan Bondye

What Does "Prosperity in God" Mean?
Kisa Pwosperite Nan Bondye Vle Di?

Well, Wait! This Is What I Am
Ebyen, Tann! Se Sa Mwen

Here to Explain to You
Vini Pou Eksplike Ou

I Know the Word *Prosperity* Made
Mwen Konnen Mo Pwosperite A Te Fè

Many of You Come to Be Saved
Anpil Nan Nou Vini Konvèti

Many of You Ran to Come, Because You Heard
Anpil Nan Nou Te Kouri Vini, Paske Ou Te Tande

People That Are in God Are People That God
Moun Ki Nan Bondye, Se Moun Ke Bondye

Promised That He Will Never Let Them Stay Poor!
Pwomèt Ke Li Pap Jamè Kite Rete Pòv!

Many of You, Your Eyes Were Already Open
Anpil Nan Nou, Je Nou Te Gentan Kale

To See Beautiful Cars, Beautiful House, a Lot of Money
Pou Wè Bèl Machin, Bèl Kay, Anpil Lajan

Whoa! Whoa! Whooa! Control Yourself!
Wo! Wo! Wooo! Kontwole Tèt Ou!

"Prosperity in God" Means That God Will
Pwosperite Nan Bondye Vle Di Ke Bondye Ap

Give You What You Need to Live
Ba Ou Sa Ou Bezwen Pou Viv

He Will Take Care of You, But It Is Not
Li Ap Pran Swen Ou, Men Se Pa Tout

Everything That You Ask God for, That He Will Give to You
Bagay Ke Ou Mande Bondye, Ke Li Ap Ba Ou

Because It Is Not Everything That Will Be Good for Your Soul
Paske Se Pa Tout Bagay Ki Ap Bon Pou Nanm Ou

6

Charge Your Battery
Chaje Batri Ou

You Cannot Tell Me Ever Since
Ou Pa Ka Di Mwen Depi Tann Dat

You Were Saved, You Faith Has Never
Ou Te Fini Konvèti, Lafwa Ou Pa Janm

Grow in the Lord
Grandi Nan Senyè A

You Cannot Tell Me Also That You Are
Ou Paka Di Mwen Tou, Ke Ou Ap

Taking a Little Break with This
Pran Yon Ti Vakans Avèk Koze

Christianity Stuff
Levanjil Sa

Don't You Know That the More You Are Moving Away
Ou Pa Konnen Ke, Pi Plis Ke Ou Ap Ralanti

From God, It Is Weaker That You Are Getting!
Sou Bondye, Se Plis Fèb Ou Ap Vini Ye

You Cannot Tell Me That You Have the Rights to Take
Ou Paka Di Mwen Ke Ou Gen Dwa Pou Pran

A Vacation with Your Faith
Yon Vakans Avèk Fwa Ou

Because You Were Saved Ever Since in The
Paske Ou Te Konvèti Depi Nan

Year Eighty-Six! The Holy Spirit Was
Ane Katreven Sis Yo! Le Sentespri Te

Working through You to Make Many
Konn Sèvi Ak Ou Pou Ou Fè Anpil

People Come to Be Saved and Performed Many Miracles
Moun Vini Konvèti E Ou Te Konn Pèfome Anpil Mirak

Yes, I Hear What You Are Saying!
Wi, Mwen Tande Sa Wap Di A!

Well! What about Now, What Is Making
Bon! E Kounye A Menm, Sa Ki Fè

Your Battery So Rust Like This
Batri Ou Rouye Konsa

7

Why Are You So Scared?
Poukisa Ou Pè Konsa?

What Is Making You So Scared!
Sa Ou Genyen Ki Fè Ou Pè Konsa!

Well! God Said That He Will Trace
Bon! Bondye Di Ke Li Ap Trase

The Road for You
Wout La Pou Ou

Then You Are Beating Yourself Like This
Epi Ou Ap Bat Kò Ou Konsa

Maybe You Do Not Know How Big
Petèt Ou Pa Konnen Ki Gwosè

This God Is
Bondye Sa Ye

You Can Move Yourself
Ou Te Mèt Ap Toumante Kò Ou

Like a Horse!
Tankou Yon Chwal!

Nothing Is Going to Happen
Anyen Pap Fèt

Until You Give God Control
Tout O Tan Ou Pa Bay Bondye Kontwòl

Then! If You Don't Want to Make God Captain
Ebyen! Si Ou Pa Vle Bondye Kapitènn

Of Your Life with All Your Success
Lavi Ou Avèk Tout Siksè Ou

Then Maybe This Big God Needs Help from You
Gen Lè Gwo Bondye Sa A Bezwen Èd Nan Men Ou

Look, My Friend, Stop Being Hardheaded
Gade Zanmi Mwen, Ase Fè Tèt Di

With Your Fragile Breath of Life
Avèk Souf Tou Frajil Ou A

8

Sin Gives a Bad Smell! (1 John 1:9)
Peche Bay Yon Move
Sant! (1 Jan 1: 9)

Sin Gives a Bad Smell!
Peche Bay Yon Move Sant!

Oh, My Lord! Sin Gives a Bad Smell!
Mezanmi O! Peche Bay Yon Move Sant!

Wow! Why Does Sin Offer Me Pleasure for a Moment?
Mesye! Poukisa Peche Ofri Mwen Plezi Pou Yon Moman?

Sin Gives a Bad Smell! I Hate That Smell!
Peche Bay Move Sant! Mwen Rayi Sant Sa!

I Commit the Sin and It Appears Sweet for a Moment
Mwen Fè Peche A epi Li Parèt Dous Pou Yon Ti Moman

Then Later, I Feel Life I Am Not Worth Anything
Men Pita, Mwen Santi Ke Mwen Pa Vo Anyen

It Would Be Good If There Was No Such Thing as Sin
Li Ta Bon Anpil Si Pa Te Gen Afè Peche A

I Hate This Game!
Mwen Rayi Jwèt Sa!

I Do Not Want to Lose This Fight Again, I Am Tired
Mwen Pa Vle Pèdi Batay La Ankò, Mwen Fatige

I Know That We Learn Best when Our Feet Slip, But
Mwen Konnen Ke Nou Aprann Pi Byen Lè Pye Nou Chape, Men

I Do Not Want to Lose This Fight Again, I Am Tired
Mwen Pa Vle Pèdi Batay La Ankò, Mwen Fatige

I Feel Like I Am about to Fall
Mwen Santi Ke Mwen Pral Tonbe

I Do Not Want to Fall, Lord, Help Me!
Mwen Pa Vle Tonbe, Senyè Ede Mwen

I Hate You, Satan, for Putting Bad Ideas in My Head
Mwen Rayi Ou Satan Pou Move Ide Ou Mete Nan Tèt Mwen

Stop Using My Weakness against Me, Satan
Ase Itilize Feblès Mwen Kont Mwen Satan

I Do Not Know What to Say, Except:
Mwen Pa Konnen Sa Pou Mwen Di, Eksepte:

"Jesus Christ, I Need Your Help!
"Jezi Kris, Mwen Bezwen Pou Ou Ede Mwen!

I Cannot Step on Sin without You!
Mwen Paka Pilonnen Peche San Ou!

Help Me, Jesus!"
Ede Mwen Jezi!"

9

Do Not Let Uncle Problem Slap You
Pa Kite Tonton Pwoblèm Souflete ou

Why Are You Crying?
Poukisa Ou Ap Kriye?

Your Feet Just Got Hit
Pye Ou Annik Fè Yon Ti Frape

Then You Are Already Crying
Epi Ou Gen Tan Ap Kriye

You Should Have Been Rejoicing Because
Ou Ta Sipoze Ap Rejwi Paske

God Did Not Let Your Feet Get Broken
Bondye Pa Kite Pye Ou Kase

I Know It Is when Everything
Mwen Konnen Se Lè Tout Bagay

Is Working Well
Ap Byen Mache

That Is When Uncle They Call Problem
Se Lè A Tonton Yo Rele Pwoblèm

Comes to Slap You
Vini Pou Souflete Ou

Go unto Uncle Problem with the Fruit of the Holy Spirit
Ale Sou Tonton Pwoblèm Avèk Fwi Sentespri A

When That Happens, He Will Not Be Able to Slap You Anymore
Lè Sa Rive, Li Pap Ka Souflete Ou Ankò

10

Blessed Be the Lord
Lwanj Pou Senyè A

Blessed Be the Lord, Oh My Soul
Lwanj Pou Senyè A, O Nanm Mwen

For I Fear the Lord With
Mwen Pè Senyè Avèk

His Rod of Punishment
Baton Pinisyon Li A

For He Has Chastised Me
Li Te Pini Mwen

But He Did Not Let Me Die
Men Li Pa Te Kite Mwen Mouri

Blessed Be the Lord, Oh My Soul
Lwanj Pou Senyè A, O Nanm Mwen

Praise the Lord Because
Lwanj Pou Senyè A Paske

His Mercy Endures Forever!
Pitye Li Dire Pou Tout Tan!

Without Jesus Christ
San Jezi Kris

Without Jesus Christ
San Jezi Kris

We Are Nothing
Nou Pa Anyen

Without Jesus Christ
San Jezi Kris

There Is No Life to Live
Pa Gen Lavi Pou Viv

Without Jesus Christ
San Jezi Kris

We Have No Purpose on This Earth
Nou Pa Gen Okenn Bi Sou Tè Sa

Without Jesus Christ
San Jezi Kris

There Will Be a Void to Fill!
Pral Gen Yon Twou Vid Pou Ranpli!

Without Jesus Christ
San Jezi Kris

Your Heart Will Always Be in Need of Something
Kè Ou Ap Toujou Bezwen Yon Bagay

12

God, Can You Hear Me?
Bondye, Eske Ou Ap Tande Mwen?

God, Can You Hear Me?
Bondye, Eske Ou Ap Tande Mwen?

Oh! God Almighty Listen
O! Bondye Pwisan Koute

To My Cry for Your Presence
Kri Mwen Pou Prezans Ou

God!
Bondye!

Are You Near, Far, at a Distance, or Up There?
Eske Ou Pre, Lwen, Nan Yon Distans, Oubyen Anlè A?

Oh, My Lord! It Seems
O Senyè Mwen! Li Sanble

That You Have Abandoned Your Child
Ke Ou Te Abandone Pitit Ou

Oh, Lord, Help Me with My
O Senyè Ede Mwen Avèk

Problems in This Life
Pwoblèm Nan Lavi Sa

It Seems Like I Cannot Hold On Anymore
Li Sanble Ke Mwen Pa Ka Kenbe Ankò

It Seems Like I Want to Die
Li Sanble Ke Mwen Vle Mouri

It Seems Like All Hope Is Lost
Li Sanble Ke Tout Espwa Pèdi

It Seems Like That I Can't Stand on My Own
Li Sanble Ke Mwen Pa Ka Kanpe Pou Kont Mwen

Oh! Help Me! Because I Am Drowning
O! Ede Mwen! Paske Mwen Ap Nwaye

Help Me! Take My Hand from The
Ede Mwen! Pran Men Mwen Nan

Pool That I Am Sinking In
Pisin Ke Mwen Ap Nwaye

Just Like You Took Peter's Hands
Menm Jan Ou Te Pran Men Pyè

When You Were Walking on Water
Lè Te Ap Mache Sou Dlo

Help Me, Lord! Don't Forsake Me! Amen!
Ede Mwen Senyè! Pa Abandone Mwen! Amèn!

13

For What Are You Living For?
Pou Kisa Ou Ap Viv?

For What Are You Living For?
Pou Kisa Ou Ap Viv?

Don't You Know That Life Only Has Two Decks of Cards
Eske Ou Pa Konnen Ke Lavi Gen De Pil Kat

It Is Not a Matter of Being Part of Both
Se Pa Yon Kesyon Pou Fè Pati Tou Lède

Or to Dribble in the Middle
Oubyen Mate Nan Mitan

You Have to Pick a Side!
Ou Sipoze Chwazi Yon Bò!

It Is Either Jesus Who's Walking with You
Se Swa Jezi Ki Ap Mache Avèk Ou

Or Satan Who Is Training You
Oubyen Se Satan Ki Ap Antrene Ou

So, My Friend, I Ask You Again
Ebyen Zanmi Mwen, Mwen Mande Ou Ankò

What Kind Of Grain Is Growing in Your Garden?
Ki Kalite Grenn Ki Ap Grandi Nan Jaden Ou?

And Remember, Spreading the Seeds Of
Epi Sonje, Gaye Grenn De

Good Deeds Alone Cannot Save
Bon Zèv Pou Kont Li Pa Ka Sove

You a Seat in Heaven
Ou Yon Plas Nan Syèl La

So! I Tell You, My Friend, It Is
Ebyen! Mwen Di Zanmi Mwen Se

Either Now or Never
Swa Kounye A Oubyen Jamè

Because You Do Not Know when Death Will
Paske Ou Pa Konnen Ki Lè Lanmò Ap

Come Knocking at Your Door
Vini Frape Nant Pòt Ou

14

Wake Up
Reveye Ou

What Happened to You?
Sa Ki Pase Ou La?

I Have to Ask Again!
Fòk Mwen Mande Ankò!

What Has Made You So Weak?
Sa Ki Fè Ou Kòlmòzò Konsa?

Because I See That You Have Hands, You Don't Want To
Paske Mwen Wè Ke Ou Gen Men, Ou Pa Vle

Lift Them Up to Give God the Glory
Leve Yo Anlè Pou Bay Bondye Glwa

You Have a Mouth, You Do Not Want to Speak for Him
Ou Gen Bouch, Ou Pa Vle Pale Pou Li

You Have a Waist, You Do Not Want to Dance a Little for Him
Ou Gen Ren, Ou Pa Vle Fè Yon Ti Danse Pou Li

He Has Given You Two Eyeballs, You Don't
Li Ba Ou De Boul Je, Ou Pa

Want to Read His Word
Vle Li Pawòl Li

Well! What If God Starts Taking Away These Body Parts, and Say to You:
Bon! E Si Bondye Kòmanse Retire Pati Sa Yo Nan Kò Ou, E Di Ou:

"Well! The Mouth, You Do Not Need It, You Will Be Mute
Bon! Bouch La Ou Pa Bezwen Li, Wap Bèbè

The Hands, I Will Cut Them
Men Yo, Mwen ap Koupe Yo

The Eyes, I Will Give Them to Someone Who Is More Interested
Je Yo Menm, Mwen Ap Bay Yon Moun Ki Pi Entèrese

The Waist! Ha! I Will Make You Sit on a Wheelchair"
Ren A! A! Mwen Ap Fè Ou Chita Sou Yon Chèz Woulant

I Will Look at What You Do when This Happens
Mwen Ap Gade Fent Ou Lè Sa Rive

Well, before That Happens!
Ebyen, Avan Lè Sa Rive!

Then Make Yourself Ready
Se Mete Ou Sou Konpa Pou Kòmanse

To Read His Word, Clap Your Hands, Dance
Ap Li Pawòl Li, Bat Men, Danse

Then Wake Up to Sing: "Ha Ha Amen! Hallelujah"
Epi Reveye Pou Chante: A A Amèn! Alelouya

Praise the Lord…
Beni Swa Letènèl…

15

Teenage Tribulation
Tribilasyon Jèn

One Has Heard That
Mwen Te Tande Ke

Teenagers Today Has It Easy
Tout Bagay Fasil Pou Jèn Jodi A

Compared to a Blast in the Past
Konpare Ak Tan Lontan

I Disagree and I Bed to Differ And
Mwen Pa Dakò E Mwen Sipliye Yon Diferan Ide Epi

I Say That It Is the Complete Opposite
Mwen Di Ke Li Se Konplètman Bò Opoze

We Do Have a Better Way to Live
Nou Gen Yon Pi Bon Fason Pou Viv

Sure Technology Truly Has Made It More Easier
Wi Teknoloji Vrèman Fè Li Plis Fasil

For Us to Live, but Teenagers Have It Harder
Pou Nou Ka Viv, Men Jèn Yo Genyen Li Pi Difisil

What Do I Mean by That! Well!
Kisa Mwen Vle Di Pa Sa! Ebyen!

Teenagers Face More Challenges Today Than Any Other Time
Jèn Fè Fas A Plis Defi Jodi A Pase Lòt Tan

For Example, Many Teenagers Are:
Pa Egzanp, Anpil Jèn Ap:

Battling with the Addiction of Drugs
Batay Avèk Dwòg Adiksyon

Facing Jail Time
Fè Fas Ak Tan Nan Prizon

Fighting with Early Teen Pregnancy
Batay Avèk Fè Pitit Bonè

Getting Shot from Gun Violence
Pran Bal Ki Soti Nan Vyolans Ak Zam

Suffering with the Disease Called AIDS
Soufri Avèk Maladi Ki Rele SIDA

Being Traumatized from a Rape Incident
Twomatize Nan Yon Ensidan Kadejak

Dropping Out of High School
Kite Lekòl Segondè

Not Pursuing a Further Education
Pa Kouri Dèyè Yon Edikasyon Pi Lwen

Freaking Out over a Career Choice.
Gen Tèt Cho Pou Fè Yon Chwa Karyè"

Now, You Know That Teenagers from Back Then
Kounye A, Ou Konnen Ke Jèn Nan Tan Lontan

Were Not Presented with These Kinds of Tribulations
Pa Te Prezante Ak Kalite Tribilasyon Sa Yo

As Much and as Tough
Anpil E Di Konsa

Yes! The World Is More Modernized, But
Wi! Le Mond Pi Modènize, Men

No! It Has Not Decreased Life's Sorrows
Non! Li Pa Te Diminye Lapenn Lavi A

Better Yet! It Has Not Made Problems Disappear
Yon Lòt Bagay Toujou! Li Pa Fè Pwoblèm Disparèt

Like It Was in the Garden of Eden
Tankou Li Te Nan Jaden Edèn

16

Quit Wasting Your Life
Sispann Gaspiye Lavi Ou

You Think That You Are Too Young to Serve God!
Ou Panse Ke Ou Twò Jèn Pou Sèvi Bondye!

Oh! Oh! You Must Be Out of Your Mind!
O! O! Wap Konn Jòj!

What Are You Waiting For?
Kisa Wap Tann?

Because Who Told You That You Will Wake Up Tomorrow
Paske Ki Moun Ki Di Ou Ap Leve Demen Maten

Tell Me Who Told You That You Will Have a Chance
Di Mwen Ki Moun Ki Te Di Ou Ap Gen Chans

Making It to Your House Today
Rive Lakay Ou Jodi A

You Are Waiting when You Are Old!
Ou Ap Tann Lè Ou Granmoun!

Well Then! Tell Me Who Told You
Ebyen! Di Mwen Ki Moun Kite Di Ou

That You Will Have a Chance of Making It to Your Old Age
Ke Ou Ap Gen Chans Rive Granmoun

Oh! I Understand!
O! Mwen Konprann!

You Will Finish Waisting Much of Your Life
Ou Ap Fini Banboche Pi Fò Lavi Ou

And when You Become Old
E Lè Ou Rive Granmoun

That Is If You Make It to Your Old Age!
Sa Se Si Ou Rive Granmoun!

Then You Will Give God the Rest
Epi Ou Ap Bay Bondye Rès La

Well Then, My Fellow Youth, Don't Do Things
Ebyen, Jènn Parey Mwen Pa Fè Bagay

That You Will Regret in Your Old Age
Pou Al Regrèt Nan Tan Vyeya Ou

Because You May Not Have the Chance to Ask God for Forgiveness
Paske Ou Ka Pa Gen Chans Pou Mande Bondye Padon

Don't Say That You Will Have Time to Accept Jesus as Your Personal Savior
Pa Di Ou Ap Gen Tan Pran Jezi Kòm Sovè Pèsonèl Ou

Because You Do Not Know when God
Paske Ou Pa Janm Konnen Ki Lè BONDYE

Will Decide to Cut Your Electricity
Ap Decide Pou Li Koupe Elektrisite Ou

17

Thank You, Mother
Mèsi Manman

Mother! I Am Calling Out, Mother!
Manman! Mwen Ap Rele Manman!

We Can Never Forget the Sacrifice
Nou Paka Janm Bliye Sacrifis

That You Did for Us
Ke Ou Te Fè Pou Nou

After God, We Can Tell You
Aprè Bondye, Nou Ka Di Ou

Thank You for Our Lives
Mèsi Pou Lavi Nou

After Jesus Christ, You Gave Blood for Us
Aprè Jezi Kris, Ou Te Bay San Pou Nou

Your Blood Was Shed While We Were
San Ou Te Koule Pandan Nou Tap

Getting Out from Your Womb
Sòti Andedan Zantray Ou

We as Children and Youths
Nou Menm Kòm Timoun Avèk Jèn

Do Not Know How to Thank You
Pa Konnen Kòman Pou Remèsye Ou

For the Big Incomparable, Indispensable Heart
Pou Gwo Kè Enkonparab, Endispasab

That You Have
Ke Ou Genyen

Specially for Our Haitian Mothers
Si Tou Pou Manman Ayisyen Nou Yo

Even When We Are in Prison, You Never Lost
Menm Lè Nou Ta Nan Prizon, Ou Pa Janm Pèdi

Faith while Asking God for a Change for Us
La Fwa Epi Ap Mande Bondye Yon Chajman Pou Nou

Even If We Are on the Electric Chair
Menm Lè Nou Ta Sou Chèz Elektrik

You Will Always Stay on Your Kness
Ou Toujou Ap Rete Sou Jenou

Praying God for a Chance to Save Us
Ap Priye Bondye Pou Yon Chans Pou Sove Nou

Every Married Man Who Is Here Today
Tout Gason Marye Ki La Jodi A Ale

Hug the Mother of Your Children
Anbrase Manman Pitit Ou

Every Daughter and Son That Is Here
Tout Pitit Fi Avèk Pitit Gason Ki La

Don't Forget to Always Constantly Be Praying
Pa Bilye Pou Nou Toujou Rete Ap Priye

And Remember to Thank God
E Sonje Pou Remèsye Bondye

For a Strong Mother
Pou Yon Manman Dyam

That He Has Given You!
Ke Li Ba Ou!

I Personally, I Want
Mwen Menm Pèsonèlman, Mwen Vle

To Wish All the Mothers That Are Here
Swete Tout Manman Ki La:

A Happy Mother's Day
Yon Bònn Fèt Manman

Because Today Is Mother's Day
Paske Jodi A Se Fèt Ou

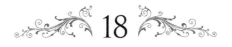

18

Home Dad
Papa Lakay

Home Dad!
Papa Lakay!

How Would We Be If You Were Not a Home Dad!
Kòman Nou Ta Ye Si Ou Pa Te Yon Papa Lakay!

After God, What Direction That We
Aprè Bondye, Ki Direksyon Ke Nou

Would Take If You Were Not a Father Who Cares
Ta Pran Si Ou Pa Te Yon Papa Sousye

We Have to Thank You
Fòk Nou Di Ou Mèsi Tou

Because after God Who Is in Heaven
Paske Aprè Bondye Ki Nan Syèl La

We Can Say It Is Because of You
Nou Ka Di Se Gras Ou Ki Fè

That We Don't Do Bad Things in the Society
Ke Nou Pa Fè Move Bagay Nan Sosyete A

The Same Way That God Chastised the Ones That He Loves
Se Menm Jan Ke Bondye Chatye Sa Ke Li Renmen Yo

That Is How a Father from Home Corrects A
Se Konsa Yon Papa Lakay Korije Yon

Child That He Is Proud Of
Pitit Ke Li Fyè De Li

When They Do Something Bad
Lè Yo Fè Yon Bagay Ki Mal

It Is the Biggest Error That a Child Can Do
Se Pi Gwo Erè ke Yon Pitit Ka Fè

It Is When You Do Not Take Note
Se Lè Ou Pa Pran Nòt

When Home Dad Is Giving You Direction for Your Life
Lè Papa Lakay Ap Ba Ou Direksyon Pou Lavi Ou

If I Was You, I Would Listen to Father from Home
Si Mwen Te Ou, Mwen Ta Koute Papa Lakay

Because It Is in His Hands That God Has Put
Paske Se Nan Men Li Ke Bondye Mete

Good Advice from Home So That We Can Come Out
Bon Konsèy Lakay Pou Nou Ka Sòti

As a Good Citizen Child of God in This Life
Kòm Yon Bon Sitwayen Pitit Bondye Nan Lavi Sa

19
Mighty Mom
Manman Vanyan

Look! Look! Oh My Gosh!
Gade! Gade! Oh Mezanmi!

They Is Not Enough Money to Pay
Pa Gen Lajan Ase Pou Nou Ta Peye

These Mighty Moms!
Manman Vanyan Sa Yo!

For the Work They Have Done!
Pou Travay Ke Yo Fè!

You Are Asking What Work
Wap Mande Mwen Ki Travay Sa

Well! Let Me Start Citing for You:
Bon! Ban Mwen Kòmanse Site Pou Ou:

It Is Mighty Mom That Push Us
Se Manman Vanyan Ki Pouse Mete Nou

Out From the Stomach with Many Suffering
Sòti Deyò Nan Vant Avèk Anpil Soufrans

It Is Mighty Mom That Put Food
Se Manman Vanyan Ki Mete Manje

In Our Stomach Every Day
Nan Vant Nou Chak Jou

It Is Mighty Mom Again after God
Se Manman Vanyan Aprè Bondye

That Makes the House So Beautiful
Ki Fè Kay La Rete Bèl Konsa

Well! I Thought That Would Have Stayed There!
Bon! Mwen Panse Sa Ta Rete La!

Hey! They Give Their Time by Working
Ey! Yo Ale Bay Tan Yo Nan Travay

So They Can Take Us Shopping
Pou Yo Ka Mennen Nou Al Achte Nan Magazen

You! Father from Home
Ou Menm! Papa Lakay

You Have to Hurry Up to Start
Se Degaje Ou, Pou Ou Kòmanse

Appreciate This Strong Mother
Apresye Manman Vanyan Sa

That God Put in Your Hands
Ke Bondye Mete Nan Men Ou A

If You Did Not Start
Si, Ou Pa Te Kòmanse!

Then, Start Today!
Ebyen, Kòmanse Jodi A!

Because God Can Take Her Away
Paske Bondye Ka Retire Li

In Your Hands Too!
Nan Men Ou Tou!

20

Sensible Father
Papa Sansib

Ha! Sensible Father
A! Papa Sansib

If You Were Not Sensible for Us Truly
Si Ou Pa Te Sansib Pou Nou Vre

You Would Have Let Us Do Whatever We Want
Ou Ta Kite Nou Fè Nou Sa Nou Vle

Even Though, We Criticize You for the Style
Malgre Nou Kritike Ou Pou Stil

That You Are Directing Us
Ke Ou Ap Kondwi Nou An

You Always Stand Firm on the Decision That You Take
Ou Toujou Rete Fèm Sou Desizyon Ou Pran

Because You Do Not Want Us to Fall In
Paske Ou Pa Vle Nou Tonbe Nan

A Deep Well Where We Cannot Dig Ourselves
Yon Pwi Fon Kote Nou Paka Pele Tèt Nou

Out of Tomorrow
Sòti Ladann Demen

Even Though You Are a Pain With
Malgre Ou Se Yon Tèt Chaje Avèk

Your Strict Decisions
Desisyon Sevè Ou Yo

We Say Thank You Because
Nou Di Ou Mèsi Paske

When Things Are Hard in the House
Lè Bagay Yo Di Nan Kay La

You Don't Run and Leave the Family
Ou Pa Kouri Kite Fanmi An

So We Can Swim to Get Out by Themselves
Pou Nou Ka Naje Pou Sòti Pou Kont Nou

But You Stay Firm with Us
Men Ou Rete Fèm Avèk Nou

21

If It Was Not for God Almighty
Si Li Pa Te Pou Bondye
Ki Gen Tout Pouvwa

If It Wasn't for God Almighty
Then I Would Not Find Any Meaning in Life

If It Wasn't for God Almighty
Then Israel Would Not Have Gotten Their Respect

If It Wasn't for God Almighty
Then All the Jews Would Not Have Gotten Their Cake

If It Wasn't for God Almighty
Then Receiving the Land of Milk and Honey
Would Not Have Been Possible

If It Wasn't for God Almighty
Then All the Christians Would Not Have
Received Their Blessings

If It Wasn't for God Almighty
Then Bible as We Know It
Would Have Been Destroyed Already

22

Help Myself
Ede Tèt Mwen

I Got to Help Myself Out!
I Got to Help Myself Out!

Please Don't Send Me in the Cell
Are You Going to Pay My Bail!
Did I Just Fell?

I Got to Help Myself
I Have Been Helping the Poor
I Have Been Helping the Middle Class
I Have Been Helping the Rich
Now It Is Time to Help Myself

I Got to Help Myself Out!
With the Help of God!
Through His Son Jesus Christ!
I Got to Help Myself Out!
Please Don't Send Me in the Cell

Don't Send Me in Jail
And Then Pay My Bail
I Don't Want to Go to Jail
Because I Don't Want to Fail
When I Fail
I Must Learn from My Mistakes

Do Not Dare Put Me in Jail and Charge Me
With a Record Because I Must Have
A Clean Record in Other to Get a Job

23

Home Will Always Be Home
Lakay Se Lakay

Lakay Se Lakay
Home Will Always Be Home

Lakay Se Lakay
Home Will Always Be Home

Ou Te Mèt Pale Li Mal Jan Ou Vle
You Can Speak About It as Badly as You Want

Lakay Se Lakay
Home Will Always Be Home

Ou Te Met Raaayi Li Jan Ou Vle
You Can Hate It as Much as You Want

Lakay Se Lakay
Home Will Always Be Home

Ou Te Mèt Sal Li Jan Ou Vle
You Can Dirty It All You Want

Lakay Se Lakay
Home Will Always Be Home

Ou Te Met Souflete Li Jan Ou Vle
You Can Slap the Heck Out of It All You Want

Lakay Se Lakay
Home Will Always Be Home

Ou Ap Toujou Rete Moun Lakay
You Will Always be Someone from Home

Ou Te Menm Mèt Kite E Ale Rete Nan Yon Lòt Peyi
You Can Even Leave and Reside in Another Country

Ou Ap Toujou Rete Moun Lakay
You Will Always Be Someone from Home

Ou Te Met Fe Pwòz Ou Pa Pale Kreyòl Ayisyen
You Can Even Pretend That You Do Not Speak Haitian Creole

Ou Ap Toujou Rete Moun Lakay
You Will Always Be Someone from Home

Depi Ou Konnen Bwè Soup Joumou
If You Know to Drink Pumpkin Soup

Ou Se Moun Lakay
You Are Someone from Home

Depi Ou Konnen Manje Diri Ak Sòs Pwa
If You Know to Eat Rice and Sòs Pwa

Ou Se Moun Lakay
You Are Someone from Home

Depi Ou Konnen 18 Me Se Fèt Drapo Ble E Wouj
If You Know That May 18 Is Flag Day of Blue and Red

Depi Ou Sonje Anpil Te Koule Pou Te Bay Premye Janvye 1804
If You Remember That a Lot of Blood Was Spilled to Give January 1, 1804

Ebyen Ou Se Moun Lakay
Then You Are Someone from Home

Minustah Te Mèt Bay Pèp La Kolera Pi Rèd
Minustah Can Continue to Give the People Cholera Increasingly

Lakay Ap Toujou Rete Lakay
Home Will Always Stay Home

Ebyen Ou Pa Gen Chwa Non Monchè Paske
Well Then You Have No Choice Because

Ou Te Met Monte Anlè, Ou Te Menm Met Desann Anba Nan Dlo
You Can Go Live in Space, You Can Even Go Live Underwater

Sa Pap Fe Ou Tounen Moun Dlo!!
That's Not Going to Turn You into a Mermaid!!

Ou Paka Separe Ou Avèk Lakay
You Cannot Separate Yourself with Home

Paske Nenpot Sak Pase: "Lakay Se Lakay"
Because No Matter What Happens: "Home Will Always Be Home"

24
Haiti Where Are You?
Ayiti Kote Ou Ye?

Haiti, Where Are You?

Yes, I Have to Say Again,

Haiti, Where Are You?

I Have Been Calling You for a Long Time,

You Never Answer

Maybe We Kill You with Arguing for Nothing,

Stealing the Poor's Money, and Even Killing for Money

It Looks Like We Have Sold the Country to Foreigners

I Do Not Know What Happened That Has Made You

Not to Want to Answer Me

Haiti, Where Are You?

Despite of All That We Have Done to You, You Still

Stay Strong More Than Ginger Tea

One Day All Other Countries Will Be Surprised to See

Riches That You Have at Home

Haiti, I Do Not Have to Continue To

Call: Where Are You?

Because I See That You Are Starting to Walk

To Come to Me

25

Tick-Tock
Tik-Tak

Tick-Tock, I Had a Dream

Tick-Tock, I Look at the Clock

Tick-Tock, I See a Crown on My Head

Tick-Tock, I See Royal Clothes on My Body

Tick-Tock, I Must Be a King

Tick-Tock, Don't Bomb and Mock the Clock

Tick-Tock, I Am Young and Getting Older

Tick-Tock, I Must Learn from My Mistakes

Tick-Tock, the Clock Has No Timer on It

Tick-Tock, Welcome to This King's Life

26

Control Them
Kontwole Yo

God, Please Control Them

Control My Enemies

God, the Father

Jesus, the Son

I Have So Many Enemies

Give Them Something to Do

If They Attack Me

Kill Them All

Make Them Sick

Brake Their Legs

Burn Them

Take Out Their Eyes

If They Lie or Snitch on Me

Control Them

May the Holy Spirit Help Me Control My Enemies

My Mother Don't Understand Me

My Father Don't Understand Me

My Family Don't Understand Me

Jesus Understands Me

Control My Enemies

27

I Can't Do This! Say What!
Mwen Pa Ka Fè Sa! Di Kisa!

I Can't Do This! Say What?
They Said That I Wouldn't Be
Able to Speak when I Was Younger! Say What?

I Can't Do This! Say What?
They Said That I Was Too
Darn Nice, and Thought That I Was A Punk! Say What?

I Can't Do This! Say What?
They Said That I Wouldn't Be
Able to Get Out of Poverty Forever! Say What?

I Can't Do This! Say What?
They Said That I Wouldn't Be
Able to Get My Piece of the Pie! Say What?

Well, Guess What?
I Have Proven All These People Wrong.
Now They Can't Say Nothing To Me!!

28

The Family Tree
Pye Bwa Fanmi A

The Family Tree Has Deep Roots

The Family Is Still Alive

The Family Tree Is So Deep That

It Has No Limit

The Family Is Like a Beehive

The Family Is Strong and Powerful

The Family Argues, Eats, and Sleeps

In the Same House

Never Mess with the Family

Or We Will Screw Somebody Up!!

29

How Do You Like Me Now?
Ki Jan Ou Renmen Mwen Kounye A?

How Do You Like Me Now?
Now I Have a House to Sleep In
How Do You Like Me Now?

Now I Have a Bicycle
To Take Me Places

How Do You Like Me Now?
I Get to Eat Every Day

How Do You Like Me Now?
I Get to Drink Every Day when I Am Thirsty

How Do You Like Me Now?
I Have the Remote to Switch the Channel
On the Television

How Do You Like Me Now?
My Hands Can Bless and Curse Anyone
Or Anything

How Do You Like Me Now?
Wherever I Go, People Respects Me
Because I Have the Bless Stick and Bless Hands

30

Reality Reyalite

Reality Isn't So Lovely

That Is Why It Doesn't Look So Pretty

Oh, Baby, Welcome to Reality

Reality Sometimes Sucks

That It Isn't So Lovely

That Fantasy Is More Pretty

Oh, Baby, Welcome to Reality

Wouldn't It Be Great to Have

If We Live in a More Carefree World

Then We Wouldn't Have To

Worry So Much Anything

Oh, Baby, Reality Isn't So Lovely

31

Fight for My Soul
Batay Pou Nanm Mwen

Fight for My Soul
That Is My Goal

Fight for My Soul
While I Stand on the Pole

Fight for My Soul
While I Stand on the Pole

Fight My Soul
That Is My Goal

Fight for My Soul
I Need a Fuel

Fight for My Soul
Don't Be Cruel

Fight for My Soul
I Need the Father or God

Fight for My Soul
I Need the Son or Jesus

I Need the Holy Spirit Like a Dove or Pigeon

God, Please Don't Let

My Sins Make Me Lose My Soul

32

Where Am I?
Ki Kote Mwen Ye La?

USA+HAITI+ISRAEL=Jeremiah 31=The Connection!!
What does Jeremiah 31 say? Find out!!
The message is:

Oh Oh! Where Am I?

Oh My Lord! Maybe It Is a Dream

I Still Do Not Understand

I Look and See Many Decendents Groups Of

Africans, Multiracials, Arabs, Europeans, Asians, Hispanics, Indians, and Israelis

People That Come from Every Race

Seats Down on the Same Table and Giving Jokes

I Say, "Guys, What Makes You All Connected Like This?"

They Say To Me, "That Is Because We Are from the Same Country"

I Asked Them, "Where Am I?"

Yo Tout Reponn Mwen E Di: Se Lakay Ou Ye La!

They All Answered Me and Said, You Are at Home!

I Started Laughing and I Said, "Stop Playing, Guys?"

They Say, "Where Do You Think You Are?"

I Say, "I Must Be in Germany!

Because I See They Are Beautiful Beaches/Gardens, Beautiful Cars, Beautiful Airports

Beautiful Schools/Hospitals, Beautiful People, Beautiful Houses, and Beautiful Streets!"

Where Am I?

Well Then! I Must Be in Japan!

Because I See on a Table They Are Many Ethnic Foods Such As

Diri Kole Ak Pwa, Bouyon, Diri/Rice, and Sòs Pwa Nwa

Griyo and Bannann Fri

Ki Kote Mwen Ye La?

Where Am I?

I Must Be In Italy!

Because These Guys Take a Plate and Start Pouring Something

That They Call "Soup Joumou"

And They Say to Me, "Drink Then You Will See Where You Are"

I Started To Drink That "Soup Joumou" and Then I Said,

"This Is Better Than Lasagna!"

Wait I Will Tell You Where I Am, but You Have To

Pour Me Another Plate of Pumpkin Soup Again.

33

What If God?
E Si Bondye?

What If God Was One of Us?

What If God Was Like a Stranger among Us?

What If God Decided to Be a Student Instead of a Teacher?

What If God Was on Earth?

What Face, Height, Color, and Shape Would He Take?

What Kind of People Would He Hang Out With?

What Food Would He Eat?

What Kind of Life Would He Have?

How Would He Be Treated on Earth?

What Observation Would He Make?

Would He Be Considered an Alien?

Would He Bring Peace or War?

What If God Was One of Us?

What Character or Personality Would God Have?

How Would People Remember Him?

34

Thankful For
Rekonesan Pou

I Am Thankful for Being Able to Breathe

I Am Thankful for My Parents' Marriage

I Am Thankful for Having a Father, Mother

And Sister Who Cares a Lot about Me

I Am Thankful for Being Able to Go to School

I Am Thankful for Having Positive People in My Life

I Am Thankful for Being Part of a Church That Cares a Great Deal about Me

I Am Thankful for Having Food to Eat Every Day

I Am Thankful for Having a Roof over My Head

I Am Thankful for Having Common Sense

I Am Thankful for Having Wisdom

35

Who Is Your Coach?
Ki Moun Ki Antrenè Ou?

Ki Moun Ki Antrenè?
Who Is Your Coach?

O! Mwen Di: Ki Moun Ki Antrenè?
Oh! I Say, "Who Is Your Coach?"

Pou Ki Ekip Ou Vle Jwe?
For Which Team You Want to Play?

Si Se Tann Ou Ap Tann Pou Ou Sispann Fè Peche
If You Are Waiting for You to Stop Sinning

Tankou Yon Mounton Blan Ki San Tach
Just Likc a White Lamb without Any Spots

Ke Moun Ka Wè Avèk Yon Sèl Kout Flach
That People Can See with a Click of Flash

Ebyen Se Tan Ou Ap Pèdi Fè Satan Ri
Then You Are Wasting Time to Make Satan Laugh

Pandan Lap Manje Plat Diri Li
While He Is Eating His Plate of Rice

Si Mwen Te Ou, Mwen Ta Fè Chwa Kounye A

If I Was You I, Would Make the Choice Right Now

Paske Ou Pa Konnen Pou Konbyen Tan Ou Ap Viv
Because You Do Not Know for How Long You Will Live

Chwazi Satan, Epi Ou Ap Resevwa Soufrans Pou Letènite Aprè Lanmò
Choose Satan, Then You Will Receive Suffering for Eternity after Death

Men Chwazi Jezi Kòm Antrenè Ou,
But Choose Jesus as Your Coach,

Ou Ap Jwenn Lavi Pou Toutan
You Will Receive Life for Eternity

Lèfini Tou Ou Pap Janm Pran Gòl
And Then You Will Never Get Score On

36

God Rescue Me
Bondye Delivre M'

God, Rescue Me

God, Please Rescue Me

From the Power of Darkness

God Rescue Me

From the Power of Sin

Do Not Let Me Give Up

From Fighting a Good Fight

Do Not Give Up on Me

Because of My Sins

Please, Always Let Your

Light Shine inside of Me

God Rescue Me

From Going in the Wrong Direction

God, Please Rescue Me

Do Not Take Your Spirit Away from Me

37

Blessings over Here
Benediksyon Sou Isit La

Blessings over Here!

Oh Yeah!

You Don't Have to Fear

Just Like a Deer

Receive Your Cup of Blessings

For Your Family and Your Generations

That Will Come after You

Keep Them Blessings Coming

Let Us Rejoice and Give

The Almighty Some Praise

Thank You for the Blessings

That Already Came and Are about to Come

38

Depending
Tou Depan

Depending on What You Do!

Depending on What You Do Nations of Earth!

Oh, Nations of Earth!

Depending on How You Behave!

There Will Be Either Blessings or Wrath!

Keep Testing Our Creator!

So, You Guys Think You're Smarter!

Than the Lord!

He Is Just Giving You Guys Ropes!

Everyone's Patience Has a Limit!

God's Patience Also Has a Limit Too!

Except His Patience Last Longer Than Ours!

Thank God That I Am Not Jesus Christ

Because I Would Have Spilled My Wrath

A Long Time Ago

You Choose What You Want, Nations of Earth

Blessings or Wrath?

39

Hear My Cry
Koute Rèl Mwen

Oh, Lord! I Am Mad!

I Can't Believe What My

Own People Are Putting

Me Through!!

I Find More Joy with People on the Streets

And Foreigners!!

I'm a Person Who Is Simple

I Don't Understand Why People

Challenge My Temple.

I Need to Find People That I Can Trust!!

And the Lord Will Guide Me Every

Step of the Way!!

About the Author

Have you ever wanted to continue a conversation while holding the microphone? Have you ever gotten the microphone snatched from your hands? Well, all the author is saying is that he has a lot to say and don't shut him up. The author's ancestry is 89% African, 10% European, and 1% Asian. The author's birthplace is Cabaret, Ouest, Haiti. The author is also an American citizen. So what in the world should the author call himself?